Die Familie hat einen Erziehungsauftrag. Die Schule hat einen Bildungsauftrag. Gleichzeitig ist die Familie ein Ort der Bildung und die Schule ein Ort der Erziehung.

Eltern, Erzieher und Lehrer tragen daher gemeinsam Verantwortung für die Zukunft unserer Kinder und Jugendlichen. Und nur gemeinsam können sie erfolgreich sein.

Die Gesetze des Schulerfolgs (GdS)

… sind ein Programm zur inhaltlichen Elternarbeit in Kindergärten und Schulen.

Grundlage ist das Magische Erziehungsdreieck von Klaus Hurrelmann:
Kinder und Jugendliche brauchen die „3 A“: Anerkennung, Anregung und Anleitung.

Eltern als Experten GdS

Eltern sind die Experten für ihre Kinder. Sie benötigen – wie alle Experten – eine Fortbildung

GdS – Stark *in die* Schule Das Ankommen in der Grundschule erleichtern

- **Interaktive Präsentation** für Erzieherinnen und Erzieher
- **Ein Elternheft** zur Sicherung der Nachhaltigkeit

Lernbezogene Elternarbeit in Kindergärten, Vorschulen und Grundschulen

GdS – Stark *in der* Schule Mit der Erziehung die Weichen stellen | Richtig motivieren – besser lernen | Familie als Lernort gestalten

- **Interaktive Präsentation** für Lehrerinnen und Lehrer
- **Drei Elternhefte** zur Sicherung der Nachhaltigkeit

Leistungsbezogene Elternarbeit in Grundschulen und weiterführenden Schulen

Einsatz der GdS-Elternhefte auch im Pädagogikunterricht der Sekundarstufen I, II

Übersetzung der Kurzfassung des GdS-Elternbuchs in über 20 Sprachen zum kostenlosen Download für Schulen und Kindergärten

Albanisch – Afghanisch (Farsi und Paschtu) – Arabisch – Chinesisch – Englisch
Eritreisch (Tigrynia) – Französisch – Griechisch – Italienisch – Kroatisch – Kurdisch
Persisch (Farsi) – Polnisch – Portugiesisch – Rumänisch – Russisch – Serbisch
Somalisch – Spanisch – Türkisch – Ukrainisch – Ungarisch – Vietnamesisch

aim INNOVATIVE BILDUNG

AF874040

In Kooperation mit der aim – Akademie für Innovative Bildung und Management Heilbronn-Franken, gemeinnützige GmbH
www.aim-akademie.org

Inhaltsverzeichnis

Familie als Lernort gestalten (3)

Vorwort / Die GdS-Grundsätze ... 5
Unser Roter Faden ... 8
17. Gesetz: Machen Sie die Familie zum Lernort! ... 9
18. Gesetz: Unterstützen Sie Ihr Kind beim Erwerb von Medienkompetenz! ... 11
19. Gesetz: Reden Sie mit Ihrem Kind! Lesen Sie ihm vor! ... 16
20. Gesetz: Unterstützen Sie die Teamarbeit! ... 20
21. Gesetz: Geben Sie Fleiß und harter Arbeit in der Familie einen hohen Stellenwert! ... 23
22. Gesetz: Trainieren Sie die Konzentrationsfähigkeit! ... 25
23. Gesetz: Halten Sie sich bei den Hausaufgaben Ihres Kindes zurück! ... 27
24. Gesetz: Halten Sie guten Kontakt zur Schule Ihres Kindes! ... 30
Bleiben Sie gelassen. Fehler gehören zum Leben ... 37
Danksagung ... 39
Bildnachweis / Impressum ... 40

Die Themen der beiden anderen Elternhefte

Mit der Erziehung die Weichen stellen (1)

1. Gesetz: Ermöglichen Sie Ihrem Kind eine sichere Bindung!
2. Gesetz: Begeben Sie sich auf Schatzsuche!
3. Gesetz: Lassen Sie Ihr Kind spielen. Fördern Sie sein selbstentdeckendes Lernen!
4. Gesetz: Stärken Sie die Freude an der Leistung!
5. Gesetz: Seien Sie Ihrem Kind Vorbild!
6. Gesetz: Halten Sie sich an die „goldene Mitte“!
7. Gesetz: Verzichten Sie auf Strafen!
8. Gesetz: Fragen Sie Ihr Kind: „Bist du glücklich?“!

Richtig motivieren – besser lernen (2)

9. Gesetz: Jedes Kind hat Freude am Lernen. Tragen Sie dazu bei, dass es so bleibt!
10. Gesetz: Stärken Sie die drei Schlaumacher!
11. Gesetz: Seien Sie der Coach Ihres Kindes!
12. Gesetz: Helfen Sie beim Aufbau eines Wissensnetzes!
13. Gesetz: Übung macht den Meister. Unterstützen Sie das Festigen der Lerninhalte!
14. Gesetz: Sorgen Sie für gute Gefühle beim Lernen!
15. Gesetz: Lassen Sie Schulmüdigkeit nicht aufkommen!
16. Gesetz: Pubertät – Lassen Sie los und geben Sie Halt!

Sehr geehrte Eltern, liebe Mütter und Väter,

Mütter und Väter erziehen ihre Kinder nicht nur, sie tragen auch in hohem Maße zu ihrer Bildung bei. Erzieher und Lehrer sind dabei ihre Partner. Eine gute Erziehung und eine solide Bildung sind für unsere Kinder und Jugendlichen der Schlüssel für ihre Zukunft.

Und diesen Schlüssel haben Sie in der Hand!

Mütter und Väter sind die Experten für ihr Kind. Sie brauchen – wie alle Experten – eine Fortbildung. Mit den „Gesetzen des Schulerfolgs (GdS)“ werden Eltern kompetente und entspannte Lernbegleiter ihrer Kinder.

Das Magische Erziehungsdreieck

Das GdS-Programm basiert auf dem „Magischen Erziehungsdreieck“ von Prof. Klaus Hurrelmann. Damit Kinder und Jugendliche ihre angeborene Lern- und Leistungsfreude bewahren und ihre Fähigkeiten entfalten können, brauchen sie die **3 A: Anerkennung, Anregung, Anleitung.** Diese **3 A** sollten von den Eltern im Idealfall in einer lebendigen Balance gehalten werden – wie die Bälle eines Jongleurs, die sich immer in der Luft befinden.

Ein Kind aufwachsen zu sehen, gehört zu unseren spannendsten Erlebnissen.
Genießen Sie die Zeit. Trauen Sie Ihrem Kind etwas zu. Vertrauen Sie ihm. Denn jedes Kind entwickelt sich aus sich heraus. Voraussetzung ist allerdings, dass es sich wohlfühlt und die notwendigen altersgemäßen Erfahrungen sammeln kann.

Gelegentlich werden wir gefragt, was unter **„Gesetze“** und **„Schulerfolg“** zu verstehen ist.

- **„Gesetze“** bedeuten, dass es sich um mehr handelt als um Empfehlungen.
  Ihre Beachtung ist keine Garantie für Schulerfolg, sondern eine Voraussetzung.
- **„Schulerfolg“** bedeutet, dass Kinder und Jugendliche ihre Potenziale ausschöpfen.
  Sie wollen zeigen können, was in ihnen steckt.

Das GdS-Elternbuch liefert Müttern und Vätern keine Rezepte. Kinder kann man nicht nach Gebrauchsanweisung erziehen. Aber mit zahlreichen Anregungen für den erzieherischen und schulischen Alltag wird es zum wertvollen Begleiter durch die gesamte Schulzeit Ihres Kindes.

Ihnen wünsche ich viel Freude an Ihren Kindern.
Ihren Kindern wünsche ich Erfolg – in der Schule und im Leben.

Adolf Timm

Unsere Kinder können mehr. Die GdS-Grundsätze

1. Unsere Kinder und Jugendlichen können mehr. Alle wollen lernen.
2. Jeder ist gut in irgendetwas.
3. Niemand wird beschämt. Niemand wird zurückgelassen.
4. Eltern, Erzieher und Lehrer sind Partner.
5. Schulerfolg ist der Schlüssel zur Integration.
6. Bildung ist unser wichtigster Rohstoff.

Dass alle Kinder und Jugendlichen ihre Potenziale ausschöpfen,
ist eine Frage ihrer Würde – und unserer Bildungsgerechtigkeit.
Die Zukunft unserer Wissens- und Wohlstandsgesellschaft hängt davon ab.

GdS – Stark *in der* Schule

Familie als Lernort gestalten (3)

Unser Roter Faden

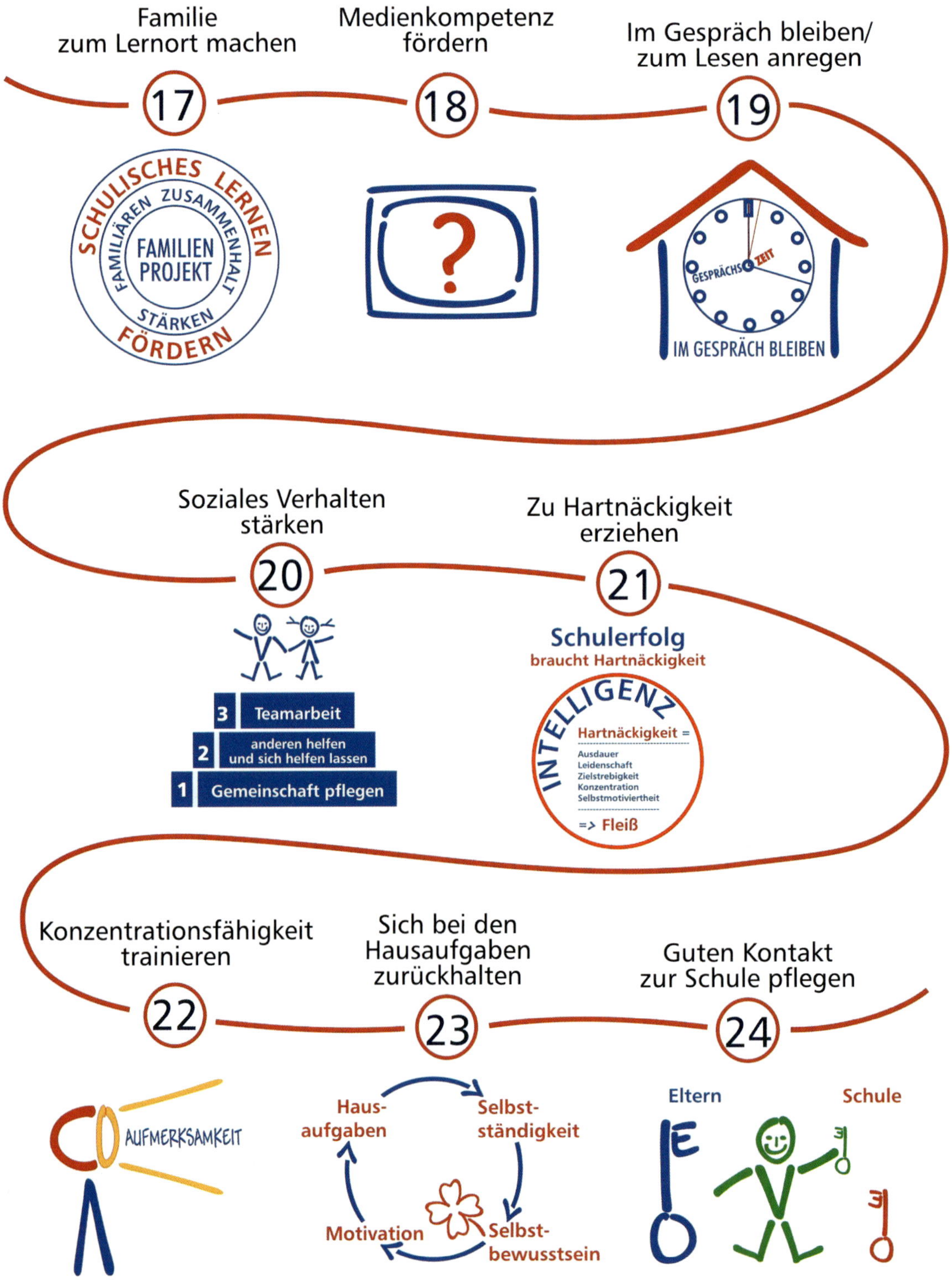

17. Gesetz: Machen Sie Ihre Familie zum Lernort!

Wie Kinder und Eltern ein Familienprojekt durchführen und selbst viel dabei lernen

Auf den ● gebracht

Familienalltag und Freizeitgestaltung der Familie haben einen sehr großen Einfluss auf den Schulerfolg der Kinder.

Je anregender und erlebnisreicher, je abwechslungsreicher und lebendiger der Alltag und die Freizeitgestaltung in der Familie sind, desto besser schneidet das Kind in der Schule ab.

Familie sollte daher so organisiert sein, dass Erziehung und Bildung einen hohen Stellenwert haben. Kinder brauchen in der Familie eine „Kultur der Anregung“.

Was Kinder aus der Familie mitbringen, entscheidet über ihren Schulerfolg:

Sprachfertigkeiten – Feinmotorik
Lernfreude und Leistungsbereitschaft – Werte und Tugenden
Alltagskompetenzen – Selbstständigkeit – Selbstdisziplin
Belastbarkeit – Kommunikationsfähigkeit – …

Eltern lassen den Bildungsfunken auf das Kind überspringen,
wenn sie in der Familie Begeisterung für Bildung entfachen.

Sie schaffen Lernanlässe und eine positive Lernatmosphäre.
Sie vermitteln dem Kind, dass das Lernen etwas Spannendes / „etwas Tolles“ ist.

Eltern, die mit ihrem Kind Ausflüge in die Welt des Lernens und Wissens machen, werden ihrer Verantwortung für seinen Schulerfolg gerecht.

Familienprojekte sind gut für die Familie und die Schule

Familie zum Lernort machen. Anregungen für den Alltag

1. **Organisieren Sie ein Familienprojekt als ein länger andauerndes Gemeinschaftsunternehmen.** – Dafür gibt es zu Hause, in der Stadt und ihren Gotteshäusern und Museen, in der näheren Umgebung, im Wald, am Strand etc. unendlich viele Möglichkeiten.

- Gemeinsames Planen + gemeinsames Arbeiten + gemeinsames Lernen führen zu einer Stärkung der Eltern-Kind-Beziehung + Steigerung der Lernfreude.
- Gemeinsames Kochen, einen Teich anlegen, die Wohnung renovieren, gemeinsam Musik machen, gemeinsam basteln und heimwerken, zusammen Sport treiben, in die Natur gehen, ein Familienabonnement für Theater oder Konzert, Führungen usw. bieten die Chance für gemeinsames Lernen.

2. **Nutzen Sie das Kulturangebot in Ihrer Nähe.** – Museen, Ausstellungen, Theater, Freilichtmuseen, Kirchen, Schlösser, ... bieten (Kinder-)Führungen an.

3. **Nutzen Sie die Naturangebote und Ausflugsziele in Ihrer Nähe.** – Frühlingswiesen, Winterwälder, Waldlehrpfade, Bäche etc. laden Sie zu einem kostenlosen Besuch ein.

- **Wussten Sie das?**
  Bei einem Spaziergang über eine Sommerwiese werden viel mehr Gehirnregionen des Kindes aktiviert als bei stundenlangem Hocken vor Fernseher oder Computer.

4. **Wecken und unterstützen Sie kindliche Interessen.** – Eltern und Großeltern stärken die Interessen und Hobbys durch zusätzliche Informationen, Anregungen und Gespräche.

5. **Schauen Sie sich gemeinsam mit dem Kind die Nachrichten an.** – Für Jüngere gibt es Nachrichten für Kinder. Ältere sollten regelmäßig die ARD- oder ZDF-Nachrichten anschauen dürfen. Eltern sollten auf Rückfragen zu den Meldungen Antworten geben.

- Sprechen Sie mit dem Kind über aktuelle Ereignisse.

6. **Weitere Ideen für Familienprojekte:** unsere Gegend erkunden / gemeinsam eine Entdeckungsreise mit dem Fahrrad unternehmen / die nächste Großstadt kennen lernen / Besuch im Tierpark / Briefkontakt mit Oma verabreden / Musik: jährlich in die Freilicht-Oper / „Schatzsuche“: Interessantes in der Umgebung suchen / „Tag des Denkmals“ nutzen / gemeinsames Hobby finden / gemeinsam Sport treiben – Bewegung / Gartenteich anlegen / Nachbarn kennenlernen / …

18. Gesetz: Unterstützen Sie Ihr Kind beim Erwerb von Medienkompetenz *!

Schalten Sie aus, was beim Lernen stört.
Begrenzen Sie die Zeit an TV, Internet und Smartphone

Auf den ● gebracht

Der Umgang mit den elektronischen Medien muss gepflegt werden, damit sich unsere Kinder in der digitalen Welt zurechtfinden.

Ziel ist der verantwortungsvolle und kompetente Umgang mit den Möglichkeiten der digitalen Technik.

*** Was heißt „Medienkompetenz"?**

Kinder und Jugendliche beziehen digitale Medien als Bereicherung in ihr Leben ein. Sie nutzen digitale Medien effektiv (wirksam / produktiv) für ihre Ziele und Bedürfnisse.

Chancen nutzen – Gefahren erkennen!

Medienkompetenz – Umgang mit „Sozialen Netzwerken"

- Die eigene Würde schützen. Die Würde des anderen nicht verletzen. Kein Mobbing.
- Persönliches nicht preisgegeben. Von sich selbst nichts berichten. Vorsichtig sein.
- Nicht jedem vertrauen, mit dem man online in Kontakt tritt. Zurückhaltend sein.
- Drastische Inhalte im Netz (Grausamkeiten, Perverses, …) meiden.
- Nicht alles „für bare Münze nehmen". Inhalte hinterfragen und überprüfen.
- Nicht sich selbst, seinen eigenen Wert, seinen eigenen Körper an Likes, Posts, oder Aussagen anderer messen.
- Über Auffälliges mit den Eltern (und Lehrern) reden.

Informieren Sie sich unter http://www.schau-hin.info

Vereinbaren Sie mit Ihrem Kind klare Regeln

In Deutschland besitzen bereits zwei Drittel der 10- bis 11-Jährigen ein eigenes Smartphone; bei den 16- bis 18-Jährigen sind es 94 Prozent.

85 Prozent der 12- bis 17-Jährigen hängen durchschnittlich drei Stunden pro Tag am Handy. 100.000 Kinder und Jugendliche in Deutschland sind süchtig nach sozialen Medien…

Schauen Sie hin, was Ihr Kind mit Medien macht. Ihr Kind braucht Ihr Interesse und auch Ihre informierende (= stichprobenartige) Kontrolle!

- **Kinder unter drei Jahren**
  Für sie ist Fernsehen / sind digitale Medien eher schädlich.
- **4- bis 5-Jährige**
  Bis zu 30 Minuten am Tag dürfen sie fernsehen / am Bildschirm verbringen, am besten mit einem Erwachsenen zusammen.
- **6- bis 9-Jährige**
  Fünf Stunden pro Woche am Bildschirm sollten für sie nicht überschritten werden.
- **10- bis 13-Jährige**
  Sie übernehmen immer mehr eigene Verantwortung. Eltern achten darauf, wie lange ihre Kinder digital „unterwegs“ sind und was sie sehen.
- **Jugendliche**
  Mit ihnen vereinbaren Eltern ein Wochenbudget. Schul- und Freizeitverpflichtungen sowie soziale Kontakte dürfen nicht vernachlässigt werden.

„Nun pack doch mal das Handy weg!“

„Das Thema Smartphone ist nicht nur ein Erziehungsthema, sondern auch ein riesiges Gesellschaftsproblem: Wie wollen wir miteinander leben, und in welcher Welt möchten wir unsere Kinder aufwachsen sehen?

Sobald Kinder und Jugendliche ein Smartphone besitzen,

- **… betreten sie mit dem Internet eine Welt der Informationen,**
- **… aber auch der Lüge, des Hasses, der Manipulation und Überwachung.**

Folglich müssen wir Kinder nicht nur dafür stark machen, das Handy aus der Hand zu legen, sondern auch dafür, besser auf sich aufzupassen und für ihre demokratischen Grundrechte einzutreten. Dabei müssen wir ihnen helfen.“

Thomas Feibel, Autor des Buches „Nun Pack doch mal das Handy weg“

Klaus Hurrelmann: Lassen Sie Ihrem Kind Rückzugsräume

Für ihre Entwicklung benötigen Kinder und Jugendliche erwachsenenfreie Rückzugsräume und Herausforderungen. Über Videospiele, Netzwerke und Plattformen können sie Aktivitäten ausüben, von denen ihre Eltern nichts oder nur wenig mitbekommen.

Diese Netzwerke sind heute fast die Wiesen und Straßenzüge von damals, wo man vor zwanzig oder dreißig Jahren auch mal unkontrolliert unterwegs sein konnte.

Wenn die Eltern ihre Rolle überziehen und zu „Helikopter-Eltern" werden, kann das Kind nicht selbstständig werden und eigene Entscheidungen treffen.

Ein Smartphone-Verbot auf dem Pausenhof …

In Estland ist das digitale Klassenzimmer längst Alltag.
Alle Schüler arbeiten mit einem Tablet.
Lehrer haben die Kreide aus der Hand gelegt und arbeiten hauptsächlich mit Smartboards (interaktive digitale Tafeln, die mit einem Computer verbunden sind).

Für die Pausen gilt jedoch ein Smartphone-Verbot.
Die Schülerinnen und Schüler gehen nach draußen auf den Pausenhof.
Sie sollen frische Luft tanken, den Kopf freimachen, Fußball spielen, toben, sich unterhalten.
Niemand soll allein oder in kleinen Gruppen auf den Bildschirm starren.

… auch in Deutschland?

( ) Ja, die ständige Ablenkung stört die Konzentration und macht krank. / …
( ) Nein, Schüler sollen den verantwortungsvollen Umgang mit Medien lernen. / …

Kinder brauchen die ungeteilte Aufmerksamkeit, den Blickkontakt und die Zuwendung ihrer Eltern

Sie brauchen den unmittelbaren Kontakt zu ihnen.
Die Resonanz ihrer Eltern (ihr Echo / ihre Reaktion)
gehört zu ihren Grundbedürfnissen.

Etwa alle 15 Minuten schauen Eltern im Durchschnitt auf ihr Smartphone,
selbst wenn sie ihr Kind wickeln, mit ihm sprechen, es in die Kita / Schule bringen oder mit ihm zu Abend essen. Erst geht der Blick zum Handy, dann zum Kind.

Dieses Verhalten verletzt das Selbstwertgefühl der Kinder.

Es verstärkt Frust und Aggression, mindert die Konzentrationsfähigkeit, verursacht Verhaltensauffälligkeiten und beeinträchtigt ihre kognitive (verstandesmäßige) Entwicklung.

1. **Zeigen Sie Ihrem Kind, dass es wichtig ist.** –Geben Sie ihm die „3 A“: **A**nerkennung, **A**nregung, **A**nleitung. – Findet es zu Hause keine Anerkennung, sucht es sich diese im Internet.

- Ein schädliches Nutzungsverhalten ist auch ein Hinweis darauf, dass den Kindern etwas fehlt: Nähe, sichere Bindung, die Zeit und das Gespräch mit den Eltern. Es fehlen klare Regeln und deutliche Grenzen für die Mediennutzung.

2. **Seien Sie Vorbild. Überdenken Sie Ihren „eigenen“ Medienkonsum.** – Legen Sie z.B. mit der Familie „bildschirmfreie“ Stunden / Tage fest, an die sich auch die Eltern halten.

- Beim gemeinsamen Essen, beim Spielen, beim Wandern, beim Vorlesen, beim Zubettgehen, … bleibt das Smartphone abgeschaltet. Nur dann können Eltern auf die emotionalen Bedürfnisse der Kinder ohne Ablenkungen eingehen.

3. **So machen Sie den „passiven“ Medienkonsum Ihres Kindes weniger attraktiv:**
… regelmäßig etwas mit den Kindern zusammen unternehmen / ein Familienprojekt durchführen (s. G 17) / persönliche Hobbys fördern / Engagement im Sportverein / soziale Aufgaben (Altenhilfe, Kinderbetreuung) / selbst das Smartphone weglegen / **…**

19. Gesetz: Reden Sie mit Ihrem Kind! Lesen Sie ihm vor!

Warum die Sprache wichtig ist

Auf den ● gebracht

Sprache ist *die* Grundlage für erfolgreiches Lernen.

Das Gespräch ist Voraussetzung für ein gutes Miteinander.
Und es ist die beste Förderung, die Eltern ihrem Kind geben können.

Das Motto jeder Familie lautet daher: „Komm, lass uns miteinander reden!“

Mit Kindern reden heißt, Kinder ernst nehmen. – Wenn Kinder spüren, „bei diesem Gesprächspartner finde ich offene Ohren“, dann sind sie bereit, sich zu öffnen.

Gemeinsame tägliche Mahlzeiten gehören zum „Ritual in der Familie“.

Das lebendige Erleben von Zusammenhalt, die wechselseitige Anteilnahme und das Miteinander-Sprechen sind für die Entwicklung und den Lernerfolg überaus wichtig.

Für Kinder Zeit reservieren

Reden. Anregungen für den Alltag

1. **Reden Sie mit Ihrem Kind. Fördern Sie seine Sprachentwicklung.** – Erzählen Sie Geschichten, singen Sie mit ihrem Kind, lesen Sie ihm vor. Lassen Sie sich vorlesen, vorsingen oder eine Geschichte erzählen.

- Wortspiele, Gedichte, Lieder, Schüttelreime, Abzählverse, Rätsel und Witze machen dem Kind Spaß und fördern sein Sprachgefühl.

2. **Kommen Sie mit Ihrem Kind ins Gespräch, aber fragen Sie es nicht aus.** – Haben Sie ein Ohr für seine Sorgen und Freuden. Hören Sie ihm zu.

3. Führen Sie mit Ihrem Kind einen Dialog – beim wöchentlichen Gespräch an einem bestimmten Tag (z.B. am Donnerstag). – Erziehungsprobleme sollten nicht spontan und nie bei Tisch verhandelt werden.

- Stattdessen bietet sich das regelmäßige „Donnerstags-Gespräch" an. Verabreden Sie einen bestimmten Tag, an dem Sie sich über „Probleme" austauschen. Überlassen Sie dabei auch immer wieder dem Kind die „Führung" des Gesprächs. Von Vorteil ist, dass die Eltern nicht spontan – und vielleicht in aufgebrachter Stimmung – „meckern". Trotzdem bleibt nichts unausgesprochen. – Auch Positives ansprechen!

4. Nehmen Sie sich neben den festen Gesprächsanlässen (z.B. gemeinsame Mahlzeit / „Donnerstags-Gespräch") auch zwischendurch immer wieder Zeit. – Tauschen Sie sich mit dem Kind über Alltag und Schule aus. Wichtig ist, dass sich das Kind mitteilen kann und Sie wissen, was los ist.

5. **Üben Sie eine „informierende Kontrolle" aus** – d.h. lassen Sie sich regelmäßig über Schule, Freizeitaktivitäten, Beschäftigung mit elektronischen Medien, die Begegnung mit Freunden u.a. berichten.

6. **Hören Sie Ihrem Kind genau zu, wenn es aus der Schule berichten will.** – Wenn Kinder aus der Schule kommen (oder später), haben sie Gesprächs- und Mitteilungsbedarf über das, was sie dort erlebt haben.

- Teilt Ihr Kind sich nicht mit, sollten Sie sich beim Klassenlehrer informieren, ob alles in Ordnung ist.

7. Ermutigen Sie Ihr Kind, sich am mündlichen Unterricht aktiv zu beteiligen. – Informieren Sie sich am Elternsprechtag bei seinen Lehrern, ob Ihr Kind mitmacht. Wenn nötig, treffen Sie gemeinsame Verabredungen.

8. So helfen wir unserem Kind, sich im mündlichen Unterricht zu beteiligen:
... immer wieder mit dem Kind über ‚Gott und die Welt' reden / ... Kinder zu Hause ausreden lassen; sie etwas erklären lassen /... bei Unterhaltungen mit Besuchern nicht für das Kind antworten, sondern das Kind selbst antworten lassen / ...

Zu Hause reden – in der Schule mitreden

Zur Vertiefung: Lesen

Stärken Sie die Lesefreude Ihres Kindes als Grundlage für den Schulerfolg!

Auf den ● gebracht

Lesen ist Bildung.
Die Lesefähigkeit hängt zu etwa 2/3 von elterlichen Einflüssen ab.

Lesen ist eine der beiden entscheidenden Grundlagen für den Schulerfolg:

1. Die eine Grundlage ist die sichere Bindung der Kinder an die Eltern, die geprägt ist durch Liebe, Wärme und Anerkennung (G 1).
2. Die andere Grundlage ist die Lesekompetenz: Auch längere Texte lesen und den Sinn entnehmen können.

Lesekompetenz braucht ein Kind für das „lebenslange Lernen“ und die Fähigkeit, sich „selbstständig“ Bildung anzueignen. Beides ist in der Wissensgesellschaft unerlässlich.

Lesen ist auch eine Voraussetzung für das Lernen in mathematisch-naturwissenschaftlichen Bereichen.

Fachleute sind besorgt

Nur etwa 25 Prozent der Kinder und Jugendlichen lesen „gern“ (Bücher).
Die Fähigkeit, den Inhalt längerer Texte aufzunehmen
(„sinnerfassendes Lesen“ / „deep reading“),
lässt im Internetzeitalter stark nach.

Lesen. Anregungen für den Alltag

1. **Lesen Sie mit Ihrem Kind Gebrauchsanweisungen.** – Versuchen Sie gemeinsam, dem schwierigen Text einen Sinn zu entnehmen. ( )
2. **Ermuntern Sie Ihr Kind zum Schreiben auch am Bildschirm.** – Kurze Briefe, Mails an Großeltern, Paten (Schulerlebnisse, Bedankbriefe), Ferienbekanntschaften, ehemalige Kita-Freunde machen Spaß und üben spielerisch Schreiben und Lesen. ( )
3. **Lesen Sie Ihrem Kind vor – nicht nur dem Kleinkind.** – Schaffen Sie Leserituale Im Laufe des Jahres, die das gemeinsame Lesen vorsehen. ( )
4. **Gehen Sie mit Ihrem Kind gemeinsam in die Bibliothek (oder in einen Buchladen), um es mit altersgerechtem Lesefutter zu versorgen.** ( )
5. **Nehmen Sie sich Zeit** – nicht für das gemeinsame Fernsehen, sondern mehr noch füreinander – beim Lesen oder beim Reden über das Gelesene. ( )
6. **Seien Sie Vorbild! Lesen Sie selbst.** – Kinder müssen Eltern lesend erleben. Kinder werden von den Lesegewohnheiten und Lesepraktiken des Elternhauses beeinflusst. ( )
7. **Drohen Sie Ihrem Kind nie mit Lese-Verboten!** – Bestrafen Sie es nie mit Vorleseverweigerung: „Heute lese ich nicht vor!“ ( )
8. **Nutzen Sie das Interesse des Kindes. Lassen Sie Ihr Kind selbst entdecken und im Internet recherchieren.** – Kinder interessieren sich immer für irgendetwas. ( )

Gemeinsam kreuzen wir an, was wir bereits praktizieren.

Weitere Hinweise: www.stiftung-lesen.de

Gestern, heute und auch morgen. Das bleibt wichtig!

20. Gesetz: Unterstützen Sie die Teamarbeit!

Wie Eltern die Sozialkompetenz ihrer Kinder fördern

Auf den ● gebracht

Kinder und Jugendliche brauchen andere Kinder und Jugendliche.

„Sozialverhalten“ / „Sozialkompetenz“ bedeutet:

1. Respekt vor der Würde des anderen zu haben.
2. Verantwortung für die Gemeinschaft zu übernehmen.

Eigenschaften, die „soziale Kompetenz“ ausmachen, sind z.B.:

- Hilfsbereitschaft / Einfühlungsvermögen (Empathie) / Kooperationsbereitschaft, Teamfähigkeit * / Kontaktfähigkeit / Zivilcourage, …
- Zu Hause werden dafür Regeln eingeübt, die auch in der Schule einzuhalten sind: Du sollst nicht fluchen. Erweise jedem Respekt. Keine Gewalt. Keine rassistischen Sprüche. Störe nicht die Aktivitäten der anderen…

* Teamfähigkeit ist die Fähigkeit zu (inhaltsbezogener) Zusammenarbeit. Sie gilt heute als Voraussetzung für (den Schulerfolg und) den Berufserfolg.

Soziales Verhalten bringt uns weiter

Sozialverhalten stärken. Anregungen für den Alltag

1. **Halten Sie Ihr Kind zur Befolgung sozialer Regeln in der Familie (und in der Schule) an. –** Pflegen Sie in Ihrer Familie einen neuzeitlichen Erziehungsstil. (siehe Modul 1 G 6)
2. **Trainieren Sie in Ihrer Familie Höflichkeit als eine Form des Sozialverhaltens.** – Soziales Verhalten bedeutet, gegenseitig Rücksicht zu nehmen / das Gegenüber mit Würde zu behandeln / anzuerkennen, was es tut / es nicht zu blamieren / ihm auch beim Essen den Vortritt zu lassen / sich bei ihm ggf. zu entschuldigen / …

- **Höflichkeit – wie grüßen („Hallo“, „Guten Tag“, „Auf Wiedersehen“), „Bitte“ und „Danke“ sagen, um Verzeihung bitten („Entschuldige bitte“) und …** muss täglich in der Familie praktiziert und zur Selbstverständlichkeit für Eltern und Kinder werden.

3. **Fördern Sie Freundschaften Ihres Kindes mit Gleichaltrigen.** – Lassen Sie Ihr Kind mit anderen Kindern zusammen sein, z.B. im Sportverein. / Partnerarbeit verläuft auch nach dem Motto: Hilfst du mir in Englisch, bringe ich dir Mathematik bei.

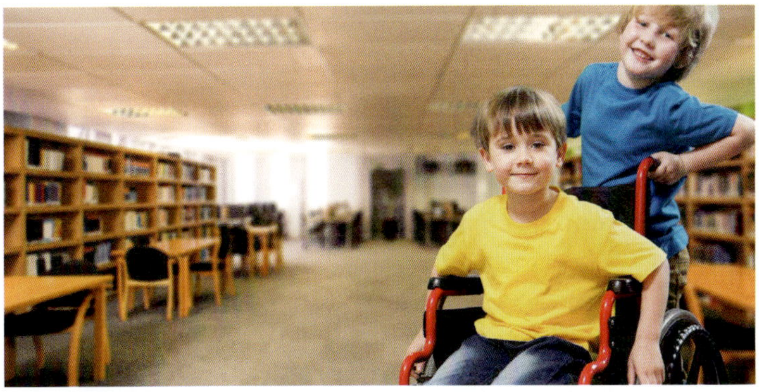

4. **Sprechen Sie mit Ihrem Kind z.B. über Cyber-Mobbing, religiöses Mobbing, ...** – Finden Sie heraus, ob es vielleicht Täter oder Opfer oder unbeteiligter Mitwisser ist.

   Besteht für Ihr Kind oder für Sie selbst Handlungsbedarf, sollten Sie sich an die Schule wenden.

Wir kreuzen die Punkte an, die wir zu Hause (stärker) beachten wollen

1. Ich werde das Zusammensein mit Freunden stärker fördern. ( )
2. Ich werde mich stärker dafür interessieren, mit wem mein Kind zusammentrifft und welche Kontakte es in den „Sozialen Netzwerken“ pflegt. ( )
3. Fernsehen und Computer halten mein Kind davon ab, sich mit Freunden zu treffen. Ich werde den Konsum einschränken. ( )
4. Von den Konfliktbewältigungsstrategien meines Kindes im Umgang mit anderen Kindern will ich mehr erfahren – in der Schule und an anderen Orten – und notfalls eingreifen. ( )

- Wenn mein Kind aggressiv, ja sogar mit Gewalt reagiert, muss ich über seine (in der Regel) belastende Lebenssituation nachdenken und mit ihm darüber sprechen.
- Es reagiert nicht grundlos aggressiv. Eventuell müssen auch Stressfaktoren reduziert werden. Möglicherweise muss ich selbst mein Verhalten ändern.

5. Mein Kind soll Verantwortung tragen. ( )

- Es soll früh daran gewöhnt sein, Verantwortung für sich und andere zu übernehmen.
- Es könnte diese Verantwortung z.B. in Vereinen wahrnehmen: Jugendfeuerwehr / Jugendmalteser / Jugend-Rot-Kreuz / Jugend-Umweltgruppen u. a.

6. **Die „Goldene Regel“ ist seit 2000 Jahren die Grundregel unseres Zusammenlebens.** Sie gilt z.B. im Konfuzianismus (China), im Judentum, im Christentum, im Hinduismus, im Islam, … – Ich will mit meinem Kind über die „Goldene Regel“ sprechen. ( )

Ich denke von Dir, wie ich es wünsche, dass Du von mir denkst.
Ich spreche von Dir, wie ich es möchte, dass Du von mir sprichst.
Ich handele Dir gegenüber so, wie ich es wünsche, dass Du es mir gegenüber tust.

Was Du nicht willst, dass man Dir tu’, das füg’ auch keinem anderen zu!

21. Gesetz: Geben Sie Fleiß und harter Arbeit in der Familie einen hohen Stellenwert!

Warum Hartnäckigkeit entscheidend für den Schulerfolg ist

Auf den ● gebracht

Intelligenz und Hartnäckigkeit sind voneinander unabhängige Eigenschaften.
Intelligenz kann sich erst durch Hartnäckigkeit entfalten.

Kinder, die weniger intelligent sind, aber sich hartnäckig mit einer Aufgabe auseinandersetzen, sind erfolgreicher als die Kinder, die zwar intelligenter sind, aber vorschnell aufgeben.

Konkret: Ein Schüler, der eine besondere Begabung / Intelligenz hat, braucht zusätzlich Hartnäckigkeit (Fähigkeit zu konzentrierter, ausdauernder Arbeit), um zum Erfolg zu kommen.

- **„Ohne Fleiß kein Preis!“**

Konkret: Ein Schüler, der keine besondere Begabung / Intelligenz hat, kann ebenfalls zum Erfolg kommen. Er braucht „die doppelte“ Hartnäckigkeit.

Erfolg braucht Hartnäckigkeit

Schulerfolg
braucht Hartnäckigkeit

Anstrengungsbereitschaft fördern. Anregungen für den Alltag

1. **Lassen Sie Ihr Kind den Wert der Anstrengung erfahren.** – Die erste Erfahrung, dass vieles nur mit Anstrengung und Zeit zu erreichen ist, muss ein Kind zu Hause machen. Geben Sie ihm schon als Kleinkind die Chance, sich durch etwas hindurchzukämpfen.
2. **Geben Sie dem Kind Lernanreize**. – Machen Sie Ihrem Kind immer wieder verschiedene Lernangebote:

- Sport, ein Musikinstrument, ein handwerkliches Hobby, ein Interessengebiet aus dem Bereich der Zoologie, der Botanik oder Geschichte, ...

3. **Helfen Sie Ihrem Kind, „seine" Leidenschaft zu finden**. – Wenn wir etwas mit Lust und Liebe tun, nehmen wir bereitwilliger Mühen und Anstrengungen auf uns.

   Das Kind soll in einer „Familie mit Ideen" möglichst breit ausloten können, wofür es sich besonders interessiert. Eltern sollen darauf achten, wann und wo das Kind „Feuer fängt".
4. **Seien Sie Ihrem Kind ein Arbeitsvorbild für Hartnäckigkeit und Beständigkeit.** – Kinder lernen von Eltern und imitieren ihr Verhalten (Modelllernen). Wenn Eltern zeigen, wie wichtig „Hartnäckigkeit" ist, fördern sie diese auch bei ihrem Kind.
5. **Trainieren Sie mit Ihrem Kind Belohnungsaufschub und Frustrationstoleranz.** – Seien Sie nicht gleich mit Belohnungen zur Hand, wenn Ihr Kind etwas geleistet hat.

- Es soll lernen, auch langfristig zu erreichende Ziele anzustreben.
- Es soll sich anstrengen, Durststrecken aushalten und Rückschläge verkraften.

6. **Loben Sie Ihr Kind vor allem für seine Anstrengungsbereitschaft.** – Eine amerikanische Psychologin warnt: „Wer die Intelligenz von Kindern zu sehr lobt, schadet ihrer Motivation und damit ihrer Ausdauer."

Kinder und Jugendliche lernen heute anders

Auch im Zeitalter der Digitalisierung gehören Einsatz und Anstrengungsbereitschaft dazu.

Schulerfolg

... hängt auch weiterhin von der Einstellung (Lernfreude, Selbstkontrolle, ...) ab,
die sie von zuhause mitbringen – und von ihren Lehrern und von ihrer Schule.

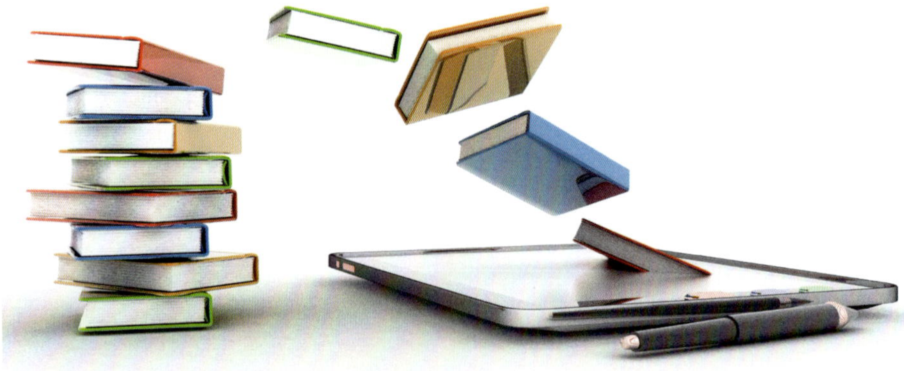

22. Gesetz: Trainieren Sie die Konzentrationsfähigkeit!

Warum der Lernerfolg davon abhängt

Auf den ● gebracht

Konzentration ist die Fähigkeit, sich gedanklich und gefühlsmäßig und über einen längeren Zeitraum mit einer Sache zu beschäftigen.

Konzentrationsfähigkeit wird in der Familie eingeübt.

Das Gehirn ist ein „Beziehungsorgan“ (oder „Sozialorgan“): Liebe macht klug. Konzentrationsfähigkeit ist auch abhängig von der Eltern-Kind-Bindung.

Konzentrationsfähigkeit ist ein Basisfaktor für den Schulerfolg.
Von ihr hängt der Lernerfolg stärker ab als von der Intelligenz.

Konzentrationsfähigkeit und Elternverhalten

1. **Sorgen Sie für Abwechslung zwischen körperlicher und geistiger Aktivität.** – Kinder brauchen Bewegung und Entspannung, um sich konzentrieren zu können.
2. **Schaffen Sie „haltgebende“ Strukturen in der Familie.** – Rituale geben dem Alltag einen Gewöhnungseffekt. Sie geben dem Kind Sicherheit und Ruhe.
3. **Werden Sie selbst zum Ruhepol für Ihr Kind.** – Kommen Sie selbst zur Ruhe.

- Legen Sie Ihr Smartphone weg! Wenden Sie sich unabgelenkt Ihrem Kind zu.

4. **Bleiben Sie mit dem Kind im ruhigen Gespräch.** – Geben Sie ihm die Möglichkeit, Belastendes mit Ihnen zu besprechen. Seien Sie Ihrem Kind nahe.
5. **Vermitteln Sie die drei Grundlagen für konzentriertes Arbeiten.** – Machen Sie sie dem Kind verständlich und bringen Sie sie an der Pinnwand an:
   1. Man kann nicht mehrere Dinge gleichzeitig gut und konzentriert tun!
   2. Manchmal dauert es, bis Erfolg sich einstellt oder man etwas versteht!
   3. Lernen kostet Mühe, aber irgendwann wird die Mühe belohnt!

Konzentrationsprobleme und Lösungen

1. Fehlende Motivation durch Unterforderung

- Herausfinden, was das Kind interessiert. Es herausfordern.

2. Fehlende Motivation durch Überforderung

- Leistungs- und Begabungsgrenzen der Kinder respektieren. Erfolgserlebnisse ermöglichen, die dem Kind Selbstvertrauen geben.
- Eigenverantwortung der Kinder für Hausaufgaben früh fördern.
- Klare Regeln mit dem Kind vereinbaren, was wie lange gemacht werden soll.

3. Reizüberflutung – allgemein und durch elektronische Medien

- Mediengebrauch einschränken / kontrollieren.
- **Eltern legen ihr Smartphone weg und wenden sich „unabgelenkt" dem Kind zu.**

4. Ungeduld – Zeitdruck – mangelnde Anstrengungsbereitschaft

- Gemeinsame Mahlzeiten und gemeinsame Spielnachmittage als Rituale einführen.

5. Mangelnde Übungsbereitschaft (Anstrengung und Zeit) oder …

- Dem Kind Pflichten geben. Darauf achten, dass Arbeit auch erledigt wird. Konsequent sein. / Terminkalender nicht vollstopfen.

6. … mangelnde Bereitschaft, Dinge interessant werden zu lassen

- Das Pflichtbewusstsein der Kinder stärken. Dem Kind deutlich machen, …

… dass man nicht mehrere Dinge gleichzeitig tun kann (Multitasking),

… dass es dauert, bis Erfolg sich einstellt oder man etwas versteht.

- Fähigkeit zu geduldigem Üben trainieren.

7. Bindungsstörungen

- „Sichere Bindung" festigen. Intensive Kommunikation. 3 Z: Zeit, Zuwendung, Zärtlichkeit.
- Dem Kind zeigen, dass man Interesse hat – an ihm, seiner Arbeit und seinen Leistungen.
- Verwöhnung schafft mangelnde Konzentration. – Problematisch: Keine Liebe, aber viel Verwöhnung. Besser umgekehrt: Viel Bindung, aber keine Verwöhnung!

8. Kein strukturierter, verlässlicher Tagesablauf. Falsche Tageseinteilung u. a.

- Regelmäßigkeit und Routine im strukturierten Tagesablauf einüben.

9. Sonstiges. So fördern wir die Konzentrationsfähigkeit unserer Kinder:

- Konzentrationsspiele / -übungen: …, Memory, Geschicklichkeitsspiele, Klettern, Balancetraining, Knobelspiele, Musikrätsel, Wahrnehmungsspiele, Geschichten erzählen, Schach, Sport … oder Musik.

23. Gesetz: Halten Sie sich bei den Hausaufgaben Ihres Kindes zurück!

Wie Eltern die Erledigung der Hausaufgaben begleiten

Auf den ● gebracht

Bei den Hausaufgaben gilt für Eltern das Motto:
So viel Hilfe wie nötig, so wenig wie möglich!

Hilfe soll bei den Hausaufgaben immer nur Hilfe zur Selbsthilfe sein.

Hausaufgaben können und sollen die Selbstständigkeit stärken

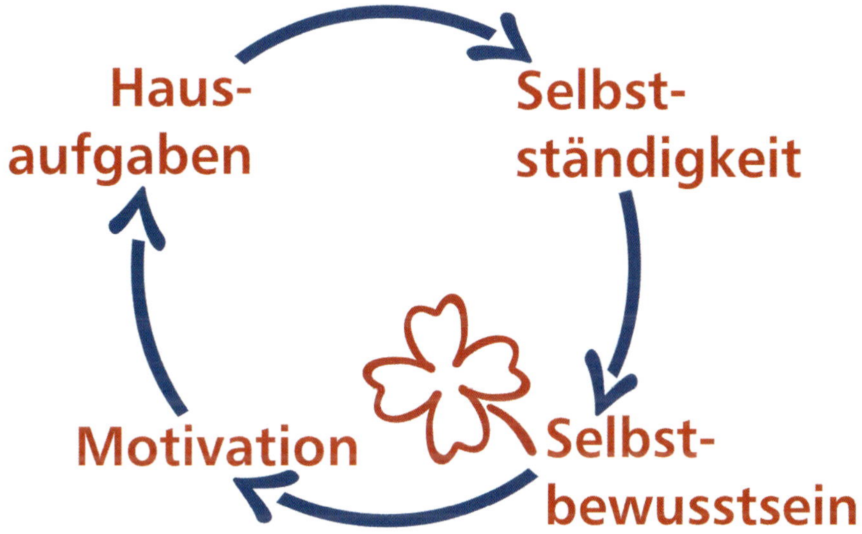

Fragen und Antworten zum Thema „Hausaufgaben"

1. Sinn und Zweck – Warum überhaupt Hausaufgaben?

Hausaufgaben sind umstritten. Sinnvoll sind sie nur dann, wenn Schülerinnen und Schüler sie selbstständig bearbeiten können. Nur unter dieser Voraussetzung können Hausaufgaben

1. … als **Übungsaufgaben** das im Unterricht erarbeitete Wissen vertiefen. Wer den Lernstoff wiederholt, kann ihn besser *im Langzeitgedächtnis verankern.*

2. … als **Anwendungsaufgaben** helfen, das gelernte Wissen und die erworbenen Fähigkeiten auf neue Lernsituationen zu übertragen (Transfer).

3. … als **Vorbereitungsaufgaben** auf den kommenden Unterricht einstimmen.

4. … als **Kontrollaufgaben** dem Schüler helfen, seinen Lernerfolg zu überprüfen, Lücken festzustellen und sie durch Rückfragen (Unterricht / Mitschüler) auszufüllen.

Für den Lehrer geben sie Aufschluss über den Leistungsstand des Schülers …
… aber nur dann, wenn sie/er die Hausaufgaben auch selbstständig gelöst hat.

2. Die Zeit und der Zeitaufwand – Welcher Termin und wie viel Zeit?

Hausaufgaben sollten so bemessen sein, dass *Grundschulkinder im 4. Schuljahr* sie in maximal einer Stunde lösen können. Ein höherer Zeitaufwand führt zur Lernunlust.

1. – 3. Klasse: 30 Min. / 4. Klasse: 60 Min. / 5. und 6. Klasse: 90 bis 120 Min.

Faustregel: Kinder können sich nur so viele Minuten „am Stück" konzentrieren, wie das Zweifache ihres Alters beträgt. Beispiel: 5-Jährige konzentrieren sich 10 Minuten.

3. „Trödeln" – Auch in Ihrer Familie ein „Problem"?

Trödeln sagt uns: Kinder haben viel Zeit. Zeitdruck und Stress sind ihnen fremd.

- Liegt Trödeln vor oder gibt es ein Motivations- oder Konzentrationsproblem?
- Ist das Kind überfordert oder unterfordert oder abgelenkt (z.B. durch sein Smartphone)?

Das Kind soll zügig arbeiten, um danach z.B. noch zum Fußball gehen zu können.

4. Der Arbeitsplatz – Ist er reizüberflutet oder reizarm?

Der Arbeitsplatz des Schülers sollte anregend und ohne Ablenkungen zugleich sein.

5. Zusammenarbeit mit der Schule bei Hausaufgaben. – Klappt sie bei Ihnen?

Hausaufgaben machen eine Zusammenarbeit von Lehrern und Eltern erforderlich:

- Lehrer geben Hausaufgaben, die ohne Elternhilfe erledigt werden können.
- Eltern geben Rückmeldung, ob das Kind die Hausaufgaben selbstständig löst.
- Eltern kontrollieren die Erledigung der Hausaufgaben, Lehrer die Inhalte.

6. Selbstständigkeit – Vertrauen Sie Ihren Kindern?

In den vergangen Jahren sind immer wieder Begriffe für Eltern aufgetaucht, die sich zu stark in das Leben ihrer Kinder einmischen.

- Mit **„Helikopter-Eltern"** sind jene gemeint, die über ihren Kindern zu schweben scheinen, um sie vor jeder Gefahr zu beschützen, die auftauchen könnte.
- Kürzlich wurde der Begriff **„Rasenmäher-Eltern"** geprägt. Damit sind Eltern gemeint, die versuchen, ihren Kindern alle Hindernisse aus dem Weg zu räumen.

Kinder brauchen das Vertrauen der Eltern, damit sie Verantwortung für ihr Lernen entwickeln können. Eltern: „Du kannst das! Du schaffst das allein!"

Kinder brauchen das sichere Gefühl, dass die Eltern zwar hinter ihnen stehen, sie jedoch nicht festhalten. Nur so lernen sie, dass sie für sich selbst verantwortlich sind – und dass es zum Lernen gehört, auch Fehler zu machen. Nur so können sie selbstständig werden.

Erzieher und Lehrer beobachten,

… dass Kinder zunehmend unselbstständiger werden, über eine geringere „Frustrationstoleranz" (Fähigkeit, mit Enttäuschungen umzugehen) verfügen und Schwierigkeiten haben, ihre Impulse und Emotionen zu kontrollieren.

Studien der Universität Zürich (2018) kommen zu dem Ergebnis, dass Kinder von überfürsorglichen Eltern größere Probleme in der Schule haben.

Außerdem fällt es ihnen schwerer, Freunde zu finden. Insgesamt haben sie Schwierigkeiten damit, die Anforderungen des Erwachsenwerdens zu bewältigen.

7. Es gibt auch „Eltern-Hausaufgaben“ – Wofür haben Sie zu sorgen?

a) … für Essen und Trinken, b) … für Frieden und Ruhe in der Familie, c) … für Stift und Papier, d) … für ein Buch zum Nachschlagen, e) … für den sinnvollen Umgang mit Medien, f) … für einen angemessenen Arbeitsplatz, g) … für erholsame Nachtruhe, h) … für Lob und Rückmeldung, i) … für Entspannung und Bewegung, j) … für einen guten Kontakt zum Lehrer, k) … für einen höflichen Umgangston, l) ……für den sinnvollen Umgang mit Medien, m) … und möglichst für die Beachtung aller „Gesetze des Schulerfolgs“, …

Regeln für die Elternhilfe

Hausaufgaben sind nicht der Job der Eltern.
Zurückhaltung ist geboten.
So viel Hilfe wie nötig, so wenig wie möglich.

1. **Elternhilfe muss immer Hilfe zur Selbsthilfe sein**. – Dem Kind Lösungswege zeigen, nie die Lösung. Das Kind anregen, sich selbst Informationen zu beschaffen.
2. **Lösen nein, beraten ja!** – Bittet das Kind um Hilfe, sollen die Eltern es anleiten, selbst eine Lösung zu finden, z.B. mit Hilfe eines Nachschlagewerkes.
3. **Elternhilfe birgt häufig – aus verschiedenen Gründen – Konfliktpotenzial. –** Besser als Elternhilfe ist oft die Hilfe durch ältere Geschwister oder Freunde / Mitschüler.
4. **Keine neuen Konfliktherde schüren. –** Bei Mathematikaufgaben nicht gleichzeitig die schlechte Schrift oder fehlerhafte Rechtschreibung kritisieren.
5. **Wenn die Anwesenheit der Eltern (vorübergehend) erforderlich wird, gilt das Motto:** Hören Sie gut zu, aber sprechen Sie wenig!

Ulrich Trautwein (Max-Planck-Institut für Bildungsforschung):

„Aktive Hilfe muss die Ausnahme bleiben.
Das ist etwa wie bei der Medikamentengabe.
Wird *kurzfristig* eingegriffen (etwa bei Kopfschmerzen), ist es sinnvoll.
Langfristige Eingriffe führen dagegen zur Abhängigkeit.“

24. Gesetz: Halten Sie guten Kontakt zur Schule Ihres Kindes!
Warum die gute Beziehung zum Lehrer für Ihr Kind so wichtig ist

Auf den ● gebracht

Eltern erziehen nicht nur, sie bilden auch. Lehrer bilden nicht nur, sie erziehen auch.
Erfolgreich sind Eltern und Lehrer nur gemeinsam!

Das vertrauensvolle Miteinander zwischen Familie und Schule ist eine wichtige Voraussetzung für den Schulerfolg.

Der **1. Schlüssel** für den Schulerfolg des Schülers liegt bei seinen **Eltern.**

Der **2. Schlüssel** liegt bei seinen **Lehrern.**

Der **3. Schlüssel** liegt – mit fortschreitendem Alter immer größer – bei dem **Schüler selbst.**

1. **„Schlüssel Eltern“.** Was erwarten Lehrer von „schulfreundlichen“ Eltern?

?

2. **„Schlüssel Lehrer“.** Was erwarten Eltern von „guten“ Lehrern??

?

3. **„Schlüssel Schüler“.** Was erwarten Eltern und Lehrer von „guten“ Schülern

?

Der **4. Schlüssel** für Schulerfolg (und Bildungsgerechtigkeit)
liegt bei den **Kultusministern der 16 Bundesländer**

1964 ruft der Theologe und Pädagoge Georg Picht die deutsche „Bildungskatastrophe" aus.

Er warnt vor Lehrermangel und kritisiert unzureichende Investitionen in die Bildung.

2001 lösen Internationale Vergleichsstudien der OECD den PISA-Schock aus.

Im Bildungsvergleich der Industrieländer ist Deutschland weit abgeschlagen, nur Mittelmaß.

2008 ruft Bundeskanzlerin Angela Merkel die „Bildungsrepublik Deutschland" aus.

Das Bildungssystem müsse „jedem die Chance auf Einstieg und Aufstieg ermöglichen".

2018 – Bildung in Deutschland schon „im freien Fall"?

Mütter und Väter sind nicht nur Lernbegleiter

Als Anwälte ihrer Kinder fordern Eltern Bildungsgerechtigkeit

Was erwarten sie (und ihre Kinder) von den Kultusministern?

1. Uneingeschränkte Unterrichts- und Lehrerversorgung. Leistungsorientierter und störungsfreier Unterricht ohne Stundenausfall bei angemessener Klassengröße.

2. Schule als *sicherer Raum* für alle Kinder. Aufrechterhaltung von Disziplin und Ordnung. Keine Gewalt, kein Mobbing – weder körperlich noch verbal, weder seelisch noch religiös.

3. Schulen als vorbildliche Orte des Lernens. Helle und gepflegte Schulgebäude. Moderne Unterrichtsräume. Neuzeitliche digitale Ausstattung. Hygienische Sanitärräume.

4. Attraktive Berufs- und Arbeitsbedingungen für Erzieher und Lehrer. Bedingungen, die es ihnen ermöglichen, auf alle Kinder und Jugendlichen individuell einzugehen. / …

Zur Vertiefung: Guter Kontakt und gute Schule

Was Eltern selbst tun können

Auf den ● gebracht

Erfolgreiche Bildungsarbeit ist eng verknüpft mit einer funktionierenden Erziehungspartnerschaft zwischen Elternhaus und Schule.

Konflikte haben massive direkte Auswirkungen auf Schule und Unterricht.

Unsere Kinder brauchen die „gute Schule“.

Wie „gut“ die Schule ist, bestimmen auch die Eltern durch ihr Verhalten.

Nach einer FORSA-Umfrage (2019) nennen Lehrkräfte neben *Lehrermangel* und *Inklusion* die *Eltern* als größte Herausforderungen. Dabei gibt es mit drei Gruppen von Eltern wachsende Probleme, so Heinz-Peter Meidinger, Präsident des Deutschen Lehrerverbands:

1. **Eltern, die sich kaum um die schulische Entwicklung der Kinder kümmern**
   oder aus anderen Gründen die Kontaktaufnahme ablehnen.
2. **Sogenannte Helikoptereltern**,
   die in ihrer Fürsorge ständig Lehrkräfte mit ihren Forderungen bedrängen.
3. **Eltern, die sich vor allem als „Anwälte“ ihrer Kinder verstehen**
   und nur dann vorstellig werden, wenn schlechte Noten oder Schulstrafen drohen.

Heinz-Peter Meidinger plädiert dafür, den gegenseitigen Austausch zu intensivieren:

- Häufiges Miteinander-Reden verringere Konflikte und schaffe Vertrauen.
  Dabei sollten Lehrkräfte nicht nur bei Problemen den Kontakt zu den Eltern suchen.

Sinnvoller sei es, mehr Zeitfenster für die Elternarbeit bereitzustellen – etwa durch die Reduzierung der Unterrichtsdeputate. (Deutsches Schulportal, 2 / 2019)

Eltern unterstützen die Arbeit „ihrer Schule“ …

1. **… durch eine klare Strukturierung des Familienalltags**
   … mit gemeinsamen Mahlzeiten, festen Zeiten für Schularbeiten an einem ruhigen Platz,
   … für Arbeiten im Haushalt, welche die Kinder eigenverantwortlich übernehmen,
   … für Hobbys, Erholung und Schlafen, …
2. **… durch Unterstützung des kindlichen Zeitmanagements.**
3. **… durch Überwachung der außerschulischen Aktivitäten der Kinder:** Anregen und Organisieren von Freizeitaktivitäten, Begrenzung ihres Fernsehkonsums, Kontrolle ihrer Beschäftigung bei Abwesenheit der Eltern.
4. **… durch Vorleben eines positiven Modells der Wertschätzung von Lernen, Selbstdisziplin und harter Arbeit,**
   … indem sie den Kindern zeigen, dass Anstrengung meistens auch zum Erfolg führt.
5. **… durch Bekunden hoher, aber nicht unrealistischer Leistungserwartungen,**
   … durch Festlegen altersgemäßer Maßstäbe und Ziele zusammen mit den Kindern,
   … durch Erkennen und Fördern besonderer Begabungen der Kinder,
   … durch Informieren von Großeltern und Paten über Erfolge der Kinder.
6. **… durch aufmerksames + wohlwollendes Verfolgen der schulischen Fortschritte,**
   … durch Organisieren eines warmherzigen und unterstützenden Zuhauses,
   … durch Sprechen über den Wert einer guten Schulbildung und
   … durch das Aufzeigen beruflicher Möglichkeiten.
7. **… durch Pflege des Lesens, Schreibens und Diskutierens in der Familie –** vor allem auch mit den Kindern gemeinsam.

Ich werde mein Kind zu *seiner* „Wunschschule“ befragen …
und seine Vorstellungen in eine Diskussion mit der Schule einbringen

1. Wie stellst du dir deine „Wunschschule“ vor?
2. Was tust du selbst dafür, dass deine Schule eine „gute Schule“ ist?

Elternabend – Elternsprechtag – Eltern-Lehrer-Fortbildung

- **Gehen Sie hin,** um das „soziale Netzwerk“ zu verstärken. Sie knüpfen Kontakte zu den Lehrkräften und zu den Eltern der Mitschüler. Wenn Sie präsent sind, sind Sie informiert und Sie grenzen sich und Ihr Kind nicht aus.
- **Gehen Sie hin,** um den Lehrkräften zu ermöglichen, Ihr Kind mit anderen Augen zu sehen, es besser einzuordnen, es besser zu verstehen.
- **Gehen Sie hin,** um ggf. eine Strategie zwischen Elternhaus und Schule zu vereinbaren, wie Ihr Kind vorangebracht werden könnte.

Eltern und Lehrer nutzen das Gespräch,
um das Vertrauensverhältnis zwischen Elternhaus und Schule zu stärken

Sechs Regeln für eine gelingende Eltern-Lehrer-Kommunikation

1. Eltern und Lehrer verzichten auf Vorwürfe und gegenseitige Schuldzuweisungen.
2. Sie fördern das Gespräch durch Zuhören.
3. Sie suchen die Verständigung – mit dem Ziel, im Gespräch zu bleiben.
4. Sie machen eigene Ansichten deutlich, tragen Wünsche vor, verzichten auf Belehrungen.
5. Ihr gemeinsames Anliegen ist die Persönlichkeits- und Leistungsentwicklung der Schülerinnen und Schüler.
6. Lehrer nehmen das Feedback der Eltern ernst und sehen es als Beitrag zur Qualitätssicherung. Eltern sind bereit, Anregungen anzunehmen und umzusetzen.

Zur Vertiefung: Guter Kontakt und Familie-Schule-Partnerschaft

Wie eine Schulvereinbarung verabredet wird

Auf den ● gebracht

Elternhaus und Schule sind gemeinsam verantwortlich für ein gutes **„Schulklima“.**
Es ist die Grundlage für eine **„Familie-Schule-Partnerschaft“.**
Auf ihrer Grundlage wird eine **„Schulvereinbarung“** geschlossen.

1. Schulkultur – gutes Schulklima. Folgende Grundlagen:

Zuverlässigkeit und Pünktlichkeit – Respekt und Höflichkeit – Pflichtbewusstsein – Hilfsbereitschaft – gegenseitige Rücksichtnahme und soziales Verhalten – Disziplin und Selbstdisziplin – Offenheit und Aufgeschlossenheit – ...

2. Familie-Schule-Partnerschaft. Was Eltern dafür tun können:

1. Sie begegnen den Lehrern ihrer Kinder mit Respekt und persönlicher Wertschätzung.
2. Sie begreifen Schule als Herausforderung, die nur gemeinsam zu bestehen ist.
3. Sie akzeptieren die Lehrer als die natürlichen Verbündeten für den Lernerfolg.
4. Sie sehen sich mitverantwortlich für eine bessere Schule.
5. Sie anerkennen die Arbeit der Lehrer und geben ihnen Rückmeldung und Ermutigung.
6. Sie sind offen für konstruktive Kritik und sind – wenn erforderlich – bereit, ihr eigenes Tun zu verbessern und ihr Verhalten zu ändern.
7. Sie signalisieren den Lehrkräften, dass sie auch von ihnen dieses Verhalten erwarten.

3. Schulvereinbarung. Vorgaben und Übereinkünfte

Eine **Schulvereinbarung** wird zwischen Eltern und Lehrern geschlossen und bezieht die Schüler (altersgemäß) mit ein:

Wir Eltern verpflichten uns …

1. ... die Lernfreude unseres Kindes durch häusliche Anregungen zu erhalten,
2. ... nach den für das Schulklima genannten Grundsätzen zu erziehen,
3. ... die soziale Verantwortungsbereitschaft unseres Kindes zu stärken und
4. ... unser Kind gut vorbereitet und wohlversorgt in die Schule zu schicken,
5. …

Wir Lehrerinnen und Lehrer verpflichten uns …

1. ... die Würde der Kinder und Jugendlichen zu achten,
2. ... ihre Interessen, Begabungen und Talente zu fördern,
3. ... sie trotz ihrer Schwächen und Unzulänglichkeiten nicht zu entmutigen,
4. ... ihre Lernarbeit nicht durch unnötige Leistungszwänge zu behindern,
5. …

Wir Schülerinnen und Schüler verpflichten uns …

1. ... leistungsbereit zu sein,
2. … gut vorbereitet in die Schule zu gehen,
3. ... sozial verantwortungsvoll und hilfsbereit zu handeln,
4. ... dem Unterricht aufmerksam zu folgen und uns selbst oder andere nicht abzulenken,
5. ...

Zu diesen „Knack-Punkten" wünschen wir uns eine Schulvereinbarung:

1. ____________________ 2. ____________________ 3. ____________________

Bleiben Sie gelassen!

Fehler gehören zum Leben – auch in der Erziehung

Abschiedsreden habe ich schon viele gehört – und als Schulleiter auch viele selbst gehalten. Die mit der alten Schiefertafel aber ist mir in besonderer Erinnerung.

An meiner ersten Schule als junger Lehrer hörte ich, wie der Schulleiter, der damals selbst kurz vor seiner Verabschiedung stand, von seiner ersten Schiefertafel erzählte. Er hatte diese Tafel als ABC-Schütze erhalten und sie ein Leben lang aufgehoben. Stolz und ein wenig wehmütig zeigte er sie jetzt seinen ehemaligen Schülerinnen und Schülern. Die meisten von ihnen hatten so ein „Schulhandwerkszeug“ vermutlich noch nie gesehen.

In seiner Rede geriet der alte Schulleiter regelrecht ins Schwärmen, als er davon berichtete, welch ein beruhigendes Gefühl es für ihn gewesen sei, auf diese Tafel zu schreiben. Denn dabei brauchte er keine Angst vor Fehlern zu haben: „Wenn ein Wort falsch geschrieben oder eine Zahl falsch gerechnet worden war, nahm ich einfach den Schwamm. Und hatte ich den zu Hause vergessen, war das auch kein Problem. Ich spuckte einmal kräftig auf den kleinen Fehler und wischte ihn dann mit dem Ärmel weg!“, berichtete er.

Allerdings, und da wurde der Schulleiter sehr nachdenklich, mussten die Schüler damals beim Schreiben sehr aufpassen und vorsichtig sein, damit sie mit dem spitzen Griffel keine Kratzer auf die Tafel machten. So ohne weiteres eine neue Tafel zu kaufen, kam in der damaligen Zeit nicht in Frage – ganz abgesehen davon, dass sich viele Mitschüler das auch gar nicht hätten leisten können.

Seine Rede schloss der erfahrene Schulleiter mit der Ermutigung an seine ehemaligen Schülerinnen und Schüler, ebenfalls im Leben keine Angst davor zu haben, auch mal einen Fehler zu machen. Fehler seien eben das Salz des Lebens. Allerdings sollten die jungen Leute darauf achten, dass dabei – wie auf der Schiefertafel – keine Kratzer nachblieben.

Auch Eltern müssen nicht perfekt sein. Im Gegenteil! Eltern, die immer perfekt sein wollen, sind nicht wirklich gute Eltern. Wie wir alle lernen auch Eltern schließlich ständig wieder etwas dazu. Aber bei aller gebotenen Gelassenheit müssen Mütter und Väter doch achtsam sein. Bei ihrer Erziehung sollen keine Kratzer auf der zarten Kinderseele zurückbleiben!

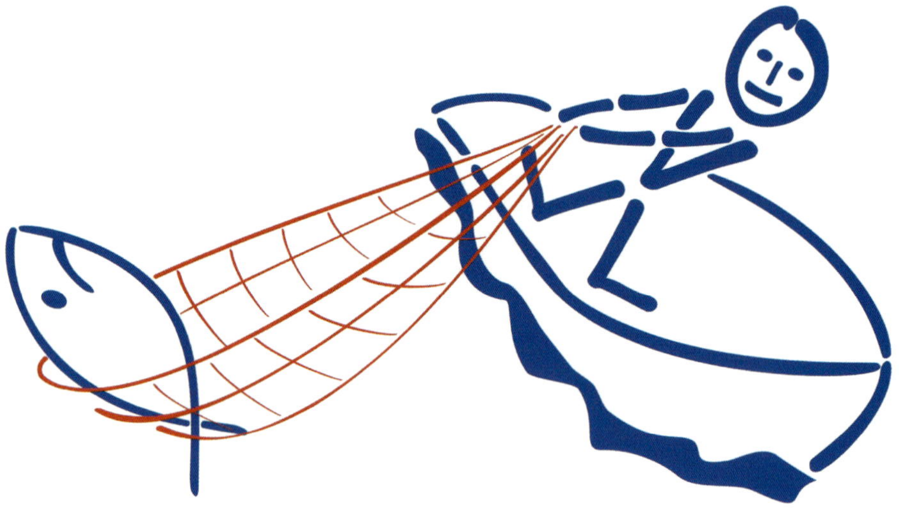

Hilfreich ist das Bild, das der Lübecker Schriftsteller und Nobelpreisträger Thomas Mann – vielleicht am Strand von Travemünde – beobachtet hat. Neigt sich das Boot nach links, muss der Schiffer sein Gewicht nach rechts verlagern. Neigt sich das Boot aber nach rechts, muss er das Gewicht nach links verschieben.

Achtsame Eltern machen es ebenso. Sie beobachten ihre Kinder. Sie meiden die Extreme. Sie versuchen Balance zu halten. Dabei können sie sich gern auf ihr Gefühl verlassen. Die Goldene Mitte ist auch in der Erziehung richtig.

Adolf Timm

Zum Schluss

Das Programm „Die Gesetze des Schulerfolgs (GdS)" in seinen beiden Modulen
„GdS – Stark *in die* Schule" und „GdS – Stark *in der* Schule"

ist aus einer langjährigen vertrauensvollen Zusammenarbeit des GdS-Teams entstanden. Es vereint die Erkenntnisse eines Wissenschaftlers mit den Erfahrungen von Praktikern.

Ziel unseres GdS-Programms ist es, den Blick dafür zu schärfen, dass es die Kinder sind, in deren Hände wir schon bald die Zukunft legen werden.

Damit ihre gute Entwicklung gelingt, muss die Gesellschaft sich noch viel stärker auf dem Feld engagieren, das für diese Zukunft entscheidend sein wird: Bildung!

… ein herzlicher Dank

… für die Praxisberatung und hilfreiche Anregungen an Eva Jermer (Grafschaft / Rheinland-Pfalz). Eva Jermer hat als Lehrerin und Elterntrainerin vielfältige Erfahrungen. Sie leitet die GdS-Fortbildungsveranstaltungen für Erzieher und Lehrer.

… für einfühlsame Textbearbeitung an Gisela Witte (Germanistin in Berlin).
Sie ist seit Jahren unsere verlässliche und bereitwillige Ansprechpartnerin für alle Fragen, die gelegentlich im Umgang mit der deutschen Sprache auftauchen.

Gisela Witte hat mit Sachverstand und Engagement das Entstehen aller Teile dieser GdS-Elternhefte begleitet und uns wichtige Anregungen dazu gegeben.

… für die Gestaltung der Grafiken an Helmut Jermer (Grafschaft / Rheinland-Pfalz – www.jermerdesign.de –). Helmut Jermer hat nicht nur unser Logo entwickelt, er hat GdS auch ein unverwechselbares Gesicht gegeben.

Seine Grafiken tragen dazu bei, dass diese Elternhefte auch von Eltern verstanden werden können, die die deutsche Sprache noch nicht / nicht sicher beherrschen.

*

Abschließend eine Anmerkung zum Sprachgebrauch:
Aus Gründen der Lesbarkeit haben wir auf die Verwendung von Paarformen verzichtet. Wenn wir z.B. von Lehrern reden, meinen wir auch Lehrerinnen – oder umgekehrt.

Bildnachweis

Gestaltung Cover und Rückseiten: anjagrimmgestaltung.de (Gestaltung), stephanengelke.de (Beratung); Cover-Foto: © Robert Kneschke /Fotolia.com;
S. 5 © beermedia//stock.adobe.com; S. 6 (+ S 32) © GraphicsRF/stock.adobe.com; S. 7 © bluedesign/stock.adobe.com; © Luis Louro/stock.adobe.com; S. 10 © drubig-photo/stock.adobe.com; © Sanguiri/stock.adobe.com; S. 11 © Alexander Limbach/stock.adobe.com; S. 12 stockfotografie.net/stock.adobe.com; © Torbz/stock.adobe.com; © vegefox/stock.adobe.com; © THesIMPLIFY/stock.adobe.com; S. 13 © aleutie/Fotolia.com; S. 14 © soupstock/stock.adobe.com; © Andrey Popov/ stock.adobe.com; © jelenaaloskina/stock.adobe.com; © gt29/stock.adobe.com; S. 15 © kebox/stock.adobe.com; S. 16 © altanaka/stock.adobe.com; S. 17 © bounlow-pic/stock.adobe.com; S. 18 © Torbz/stock.adobe.com; S. 21 © Sabinezia/stock.adobe.com; © 3Dman.eu/stock.adobe.com; © vectorfusionart/stock.adobe.com; S. 22 Christian Schwier/stock.adobe.com; © Alexander Limbach/stock.adobe.com; S. 24 © Bilan 3D/stock.adobe.com; S. 26 © Matthias Enter/stock.adobe.com; S. 29 © Focus Pocus LTD/stock.adobe.com; © Kzenon/Fotolia.com; S. 31 Kzenon/stock.adobe.com; S. 34 © coramax/stock.adobe.com; S. 36 © BRN-Pixel/stock.adobe.com; S. 37 © djama/stock.adobe.com

Impressum

www.friedrich-verlag.de

Druck: Zimmermann Druck + Verlag GmbH, Widukindplatz 2, 58802 Balve
Printed in Germany

Bestellnummer: 14866